AF239975

Impressum
Verlag: BABADADA GmbH, Nedderfeld 112 , 22529 Hamburg
Geschäftsführer / Verlagsleitung: Harald Hof
Druck: Books on Demand GmbH, In de Tarpen 42, 22848 Norderstedt

Imprint
Publisher: BABADADA GmbH, Nedderfeld 112 , 22529 Hamburg, Germany
Managing Director / Publishing direction: Harald Hof
Print: Books on Demand GmbH, In de Tarpen 42, 22848 Norderstedt, Germany

escuela
школа

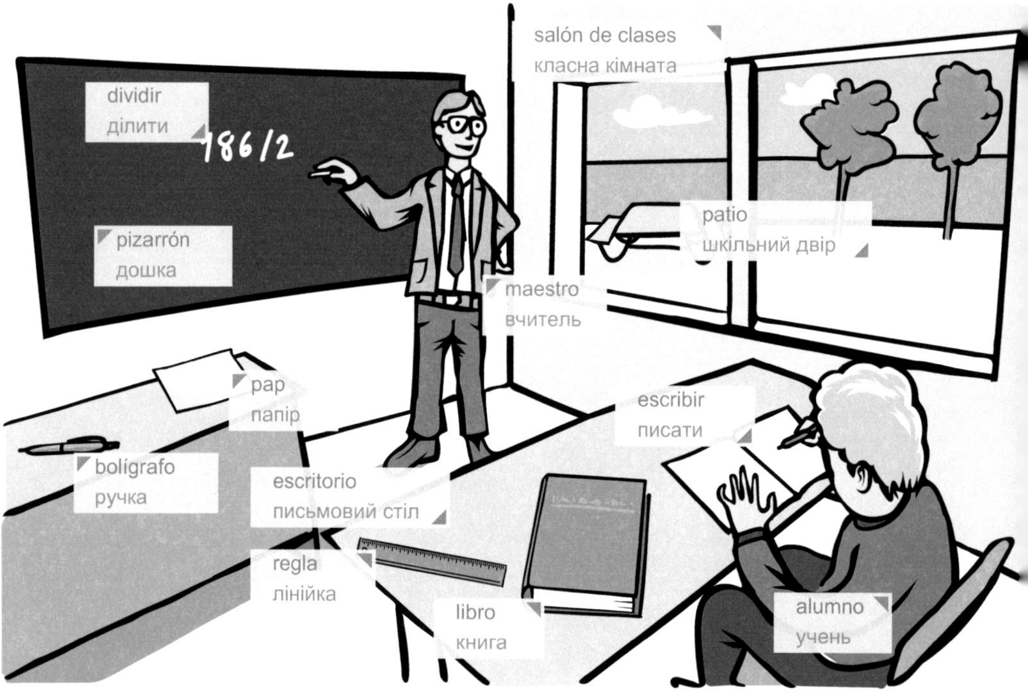

salón de clases
класна кімната
dividir
ділити
186/2
pizarrón
дошка
patio
шкільний двір
maestro
вчитель
pap
папір
escribir
писати
bolígrafo
ручка
escritorio
письмовий стіл
regla
лінійка
libro
книга
alumno
учень

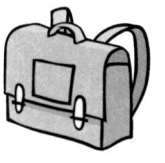

mochila
ранець

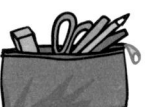

caja de lápices
пенал

lápiz
олівець

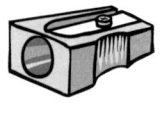

sacapuntas
точило

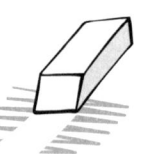

goma de borrar
гумка

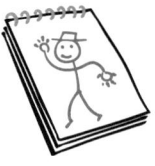

bloc de dibujo
альбом для малювання

dibujo

малюнок

pincel

пензель

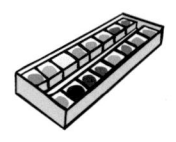

caja de lápices de color

коробка фарб

tijeras

ножиці

pegamento

клей

libro de ejercicios

зошит

tarea

домашнє завдання

número

число

sumar

додавати

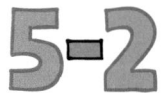

restar

віднімати

multiplicar

множити

calcular

рахувати

letra

літера

alfabeto

абетка

palabra

слово

texto

текст

leer

читати

tiza

крейда

lección

година

cuaderno de clase

класний журнал

examen

екзамен

certificado

диплом

uniforme

шкільна форма

educación

освіта

enciclopedia

лексикон

universidad

університет

microscopio

мікроскоп

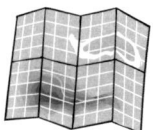

mapa

карта

bote de basura

кошик для паперу

viaje

подорож

hotel
готель
Grand
hostel
турбаза
ROOMS
casa de cambio
обмінний пункт
maleta
валіза
carro
автомобіль

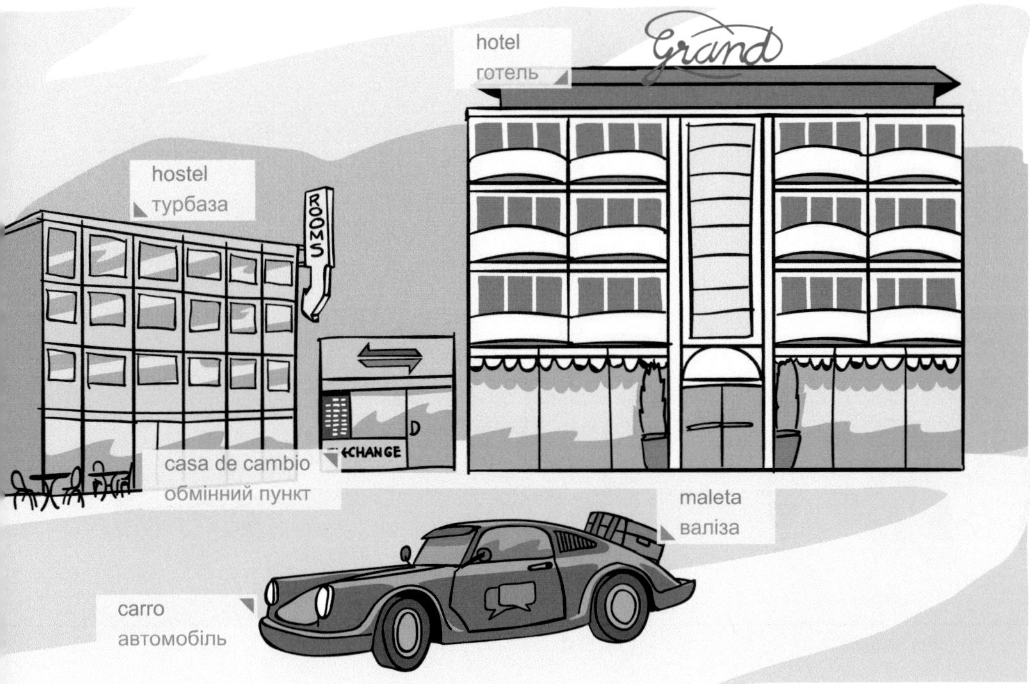

idioma

мова

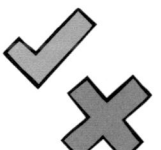

sí / no

так / ні

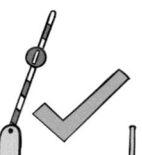

Órale

добре

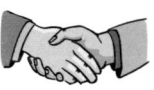

hola

привіт

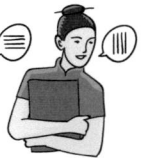

traductor

перекладач

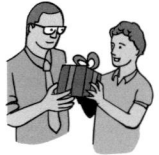

Gracias

дякую

¿cuánto cuesta…?

Скільки коштує …?

No entiendo

Я не розумію

problema

проблема

¡Buenas tardes!

Добрий вечір!

¡Buenos días!

Доброго ранку!

¡Buenas noches!

На добраніч!

adiós

До побачення

dirección

напрямок

equipaje

багаж

bolsa

сумка

mochila

рюкзак

invitado

гість

recámara

кімната

bolsa de dormir

спальний мішок

tienda de campaña

намет

información turística

туристична інформація

playa

пляж

tarjeta de crédito

кредитна картка

desayuno

сніданок

almuerzo

обід

cena

вечеря

billete

квиток

ascensor

ліфт

sello

поштова марка

frontera

межа

aduana

митниця

embajada

посольство

visa

віза

pasaporte

паспорт

transporte
транспорт

avión
літак

barco
корабель

camión de bomberos
пожежна машина

autobús
автобус

camión
вантажний автомобіль

lancha a motor
моторний човен

bicicleta
велосипед

carro
автомобіль

ferry

пором

bote

човен

motocicleta

мотоцикл

patrulla

поліцейська машина

coche de carreras

гоночний автомобіль

auto para rentar

автомобіль на прокат

renta de autos

спільне користування авто

grúa

евакуатор

camión recolector de basura

сміттєвоз

motor

двигун

gasolina

паливо

gasolinera

автозаправна станція

señal de tráfico

дорожній знак

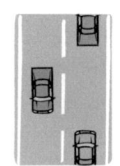

tránsito

рух

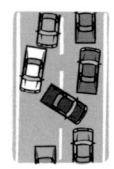

embotellamiento

затор

aparcamiento

стоянка

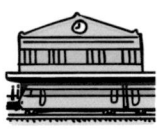

estación de tren

вокзал

vías

рейки

tren

потяг

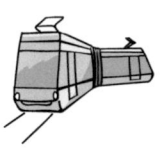

tranvía

трамвай

vagón

вагон

helicóptero

гелікоптер

aeropuerto

аеропорт

torre

вежа

pasajero

пасажир

contenedor

контейнер

caja de cartón

коробка

carretilla

візок

cesta

кошик

despegar / aterrizar

стартувати / приземлятися

ciudad

місто

pueblo

село

centro de ciudad

центр міста

casa

дім

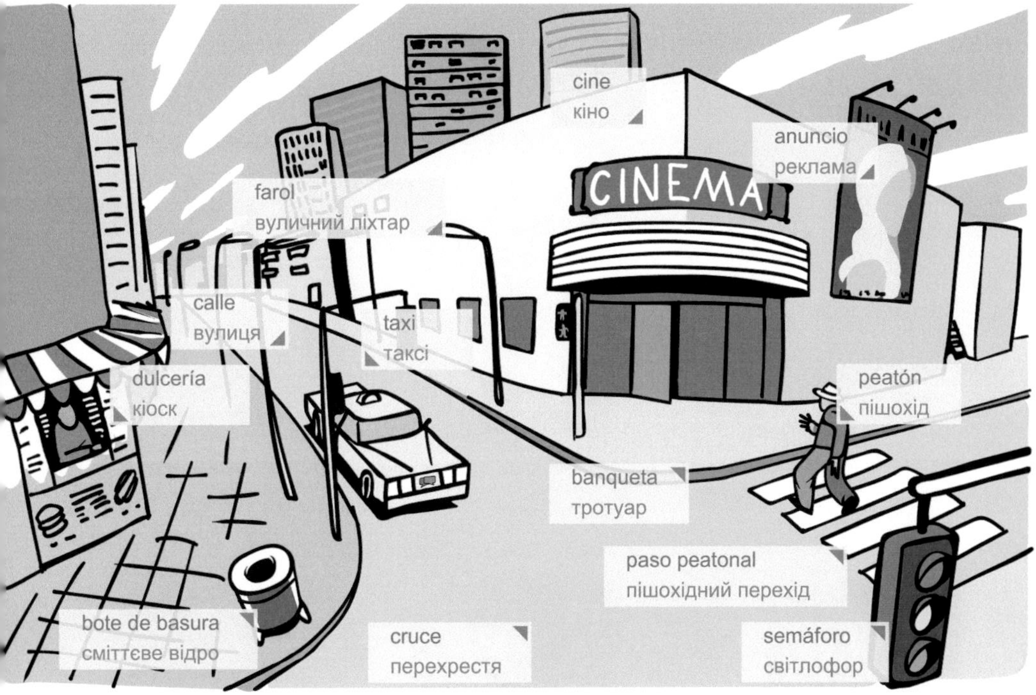

cine
кіно

anuncio
реклама

farol
вуличний ліхтар

CINEMA

calle
вулиця

taxi
таксі

dulcería
кіоск

peatón
пішохід

banqueta
тротуар

paso peatonal
пішохідний перехід

bote de basura
сміттєве відро

cruce
перехрестя

semáforo
світлофор

cabaña

хатина

apartamento

квартира

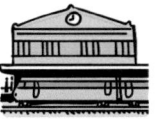

estación de tren

вокзал

ayuntamiento

ратуша

museo

музей

escuela

школа

universidad

університет

banco

банк

hospital

лікарня

hotel

готель

farmacia

аптека

oficina

офіс

librería

книжковий магазин

tienda

магазин

florería

квітковий магазин

supermercado

супермаркет

mercado

ринок

grandes tiendas

універмаг

pescadería

торговець рибою

centro comercial

торговельний центр

puerto

гавань

parque

парк

banco

лава

puente

міст

escaleras

сходи

metro

метро

túnel

тунель

parada de autobús

автобусна зупинка

bar

бар

restaurante

ресторан

buzón

поштова скринька

letrero

вулична табличка

parquímetro

лічильник паркування

zoológico

зоопарк

alberca

басейн

mezquita

мечеть

granja

ферма

contaminación

забруднення навколишнього середовища

cementerio

кладовище

iglesia

церква

área de niños

дитячий майданчик

templo

храм

paisaje
ландшафт

hoja
листок

señal
вказівний стовп

camino
шлях

pradera
луг

piedra
камінь

caminante
мандрівник

árbol
дерево

río
річка

pasto
трава

flor
квітка

valle

долина

montaña

гора

lago

озеро

bosque

ліс

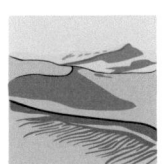

desierto

пустеля

volcán

вулкан

castillo

замок

arco iris

веселка

champiñón

гриб

palmera

пальма

mosquito

комар

mosca

муха

hormiga

мурашка

abeja

бджола

araña

павук

escarabajo

жук

rana

жаба

ardilla

вивірка

erizo

їжак

liebre

заєць

lechuza

сова

pájaro

птах

cisne

лебідь

jabalí

кабан

ciervo

олень

alce

лось

embalse

гребля

turbina eólica

вітряк

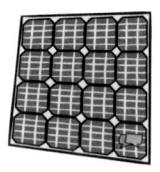

pansolar

сонячний модуль

clima

клімат

restaurante

ресторан

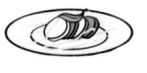

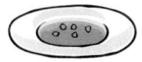

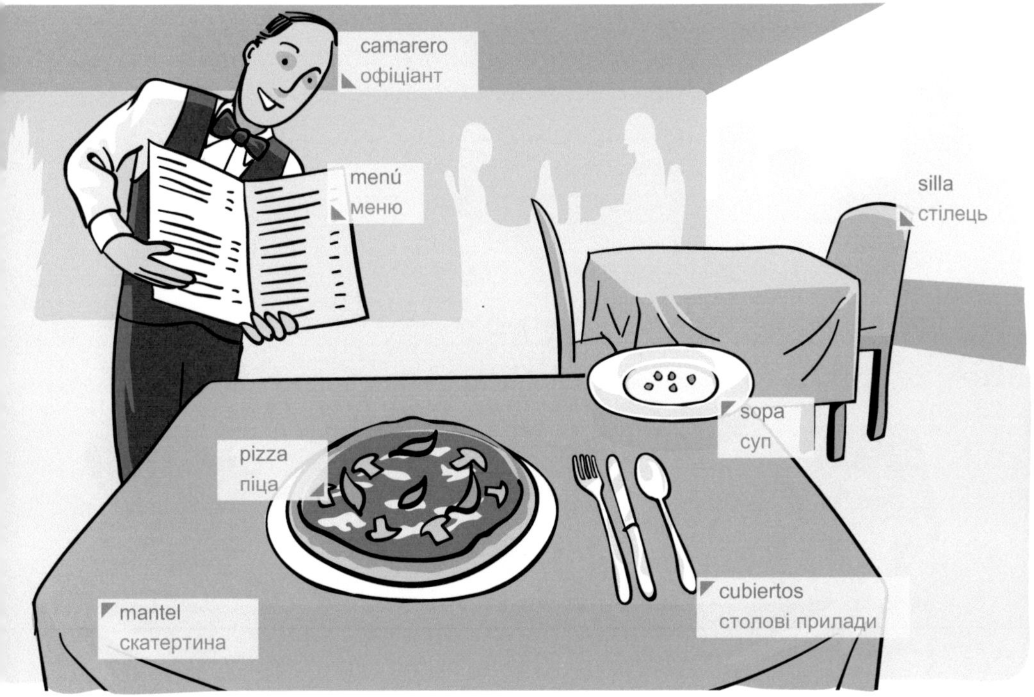
camarero
офіціант
menú
меню
silla
стілець
sopa
суп
pizza
піца
mantel
скатертина
cubiertos
столові прилади

entrada
закуска

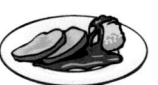

plato fuerte
друга страва

postre
десерт

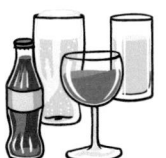

bebidas
напої

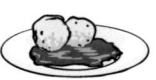

comida
їжа

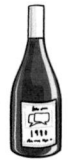

botella
пляшка

comida rápida

фаст-фуд

comida de calle

вулична їжа

tetera

чайник

azucarera

цукорниця

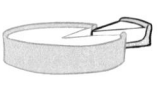

porción

порція

cafetera espresso

еспресо-машина

periquera

високий стільчик

cuenta

рахунок

charola

піднос

cuchillo

ніж

tenedor

вилка

cuchara

ложка

cuchara de té

чайна ложка

servilleta

серветка

vaso

склянка

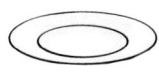

plato

тарілка

plato hondo

тарілка для супу

plato

блюдце

salsa

соус

salero

солонка

molino para pimienta

млин для перцю

vinagre

оцет

aceite

масло

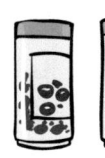

especias

спеції

kétchup

кетчуп

mostaza

гірчиця

mayonesa

майонез

supermercado

супермаркет

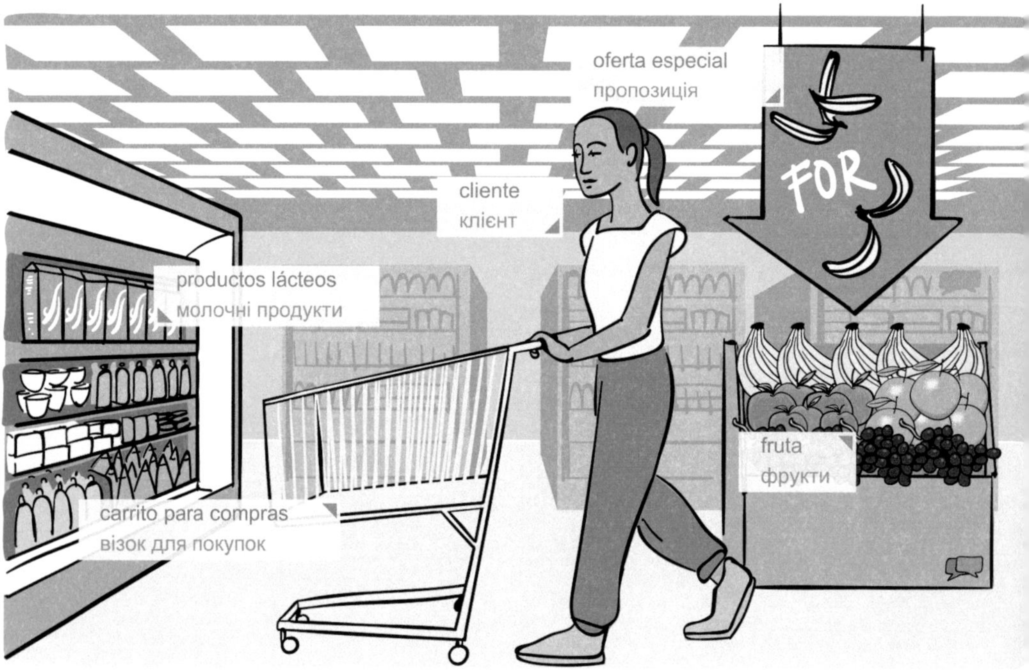

oferta especial
пропозиція
FOR
cliente
клієнт
productos lácteos
молочні продукти
fruta
фрукти
carrito para compras
візок для покупок

BUTCHERS

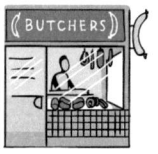

carnicería

м'ясний магазин

BAKERY

panadería

пекарня

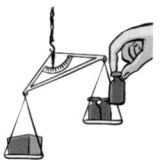

pesar

зважувати

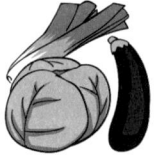

vegetales

овочі

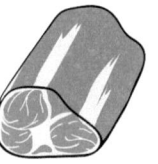

carne

м'ясо

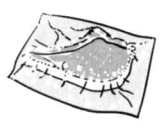

alimentos congelados

заморожені продукти

carnes frías

ковбасна нарізка

alimentos enlatados

консерви

detergente en polvo

пральний порошок

dulces

солодощі

electrodomésticos

предмети домашнього побуту

productos de limpieza

мийний засіб

vendedora

продавщиця

caja

каса

cajero

касир

lista de compras

список покупок

horario de atención al público

часи роботи

cartera

гаманець

tarjeta de crédito

кредитна картка

bolsa

сумка

bolsa de plástico

поліетиленовий пакет

agua

вода

jugo

сік

leche

молоко

refresco de cola

кола

vino

вино

cerveza

пиво

alcohol

алкоголь

cacao

какао

té

чай

café

кава

espresso

еспресо

cappuccino

капучіно

plátano

банан

manzana

яблуко

naranja

апельсин

melón

кавун

limón

лимон

zanahoria

морква

ajo

часник

bambú

бамбук

cebolla

цибуля

champiñón

гриб

nueces

горішки

fideos

локшина

espaguetis

спагеті

arroz

рис

ensalada

салат

patatas fritas

картопля фрі

patatas fritas

смажена картопля

pizza

піца

hamburguesa

гамбургер

emparedado

бутерброд

filete

шніцель

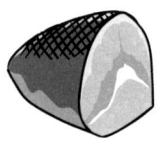

jamón

шинка

salami

салямі

salchicha

ковбаса

pollo

курка

asado

печеня

pescado

риба

copos de avena

вівсяні пластівці

muesli

мюслі

copos de maíz

кукурудзяні пластівці

harina

борошно

cuernito

круасан

bolillo

булочка

pan

хліб

tostada

тостовий хліб

galletas

печиво

mantequilla

масло

cuajada

сир

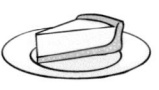

pastel

пиріг

huevo

яйце

huevo frito

яєчня

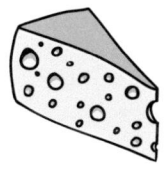

queso

сир

helado

морозиво

azúcar

цукор

miel

мед

mermelada

мармелад

crema de chocolate

нуга-крем

curry

карі

granja
ферма

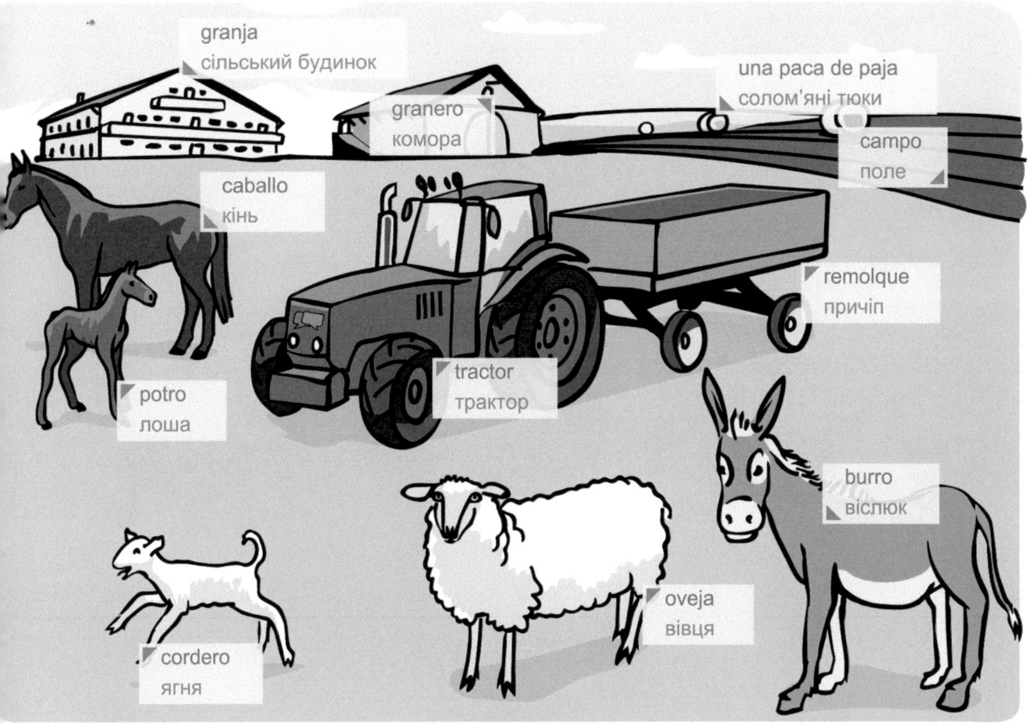

granja
сільський будинок
una paca de paja
солом'яні тюки
granero
комора
campo
поле
caballo
кінь
remolque
причіп
tractor
трактор
potro
лоша
burro
віслюк
oveja
вівця
cordero
ягня

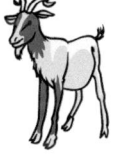

cabra

коза

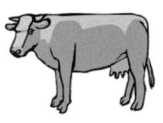

vaca

корова

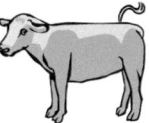

ternero

теля

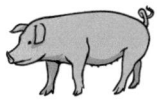

cerdo

свиня

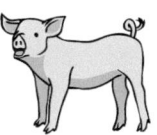

lechón

порося

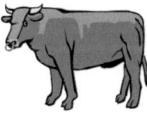

toro

бик

ganso

гусак

pato

качка

pollo

курча

gallina

курка

gallo

півень

rata

щур

gato

кіт

ratón

миша

buey

віл

perro

собака

casa dperro

собача будка

manguera

садовий шланг

regadera

лійка

guadaña

коса

arado

плуг

hoz

серп

azadón

мотика

horquilla

вила

hacha

сокира

carretilla

тачка

bebedero

корито

bote de leche

бідон молока

saco

мішок

valla

паркан

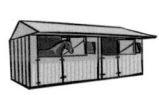

establo

хлів

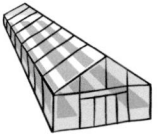

invernadero

теплиця

suelo

ґрунт

semilla

насіння

fertilizador

добриво

cosechadora

комбайн

cosechar

пожинати

cosecha

урожай

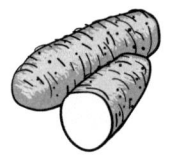

camote

корінь ямсу

trigo

пшениця

soja

соя

patata

картопля

maíz

кукурудза

semilde colza

ріпак

árbol frutal

плодове дерево

mandioca

маніок

cereales

злаки

casa
дім

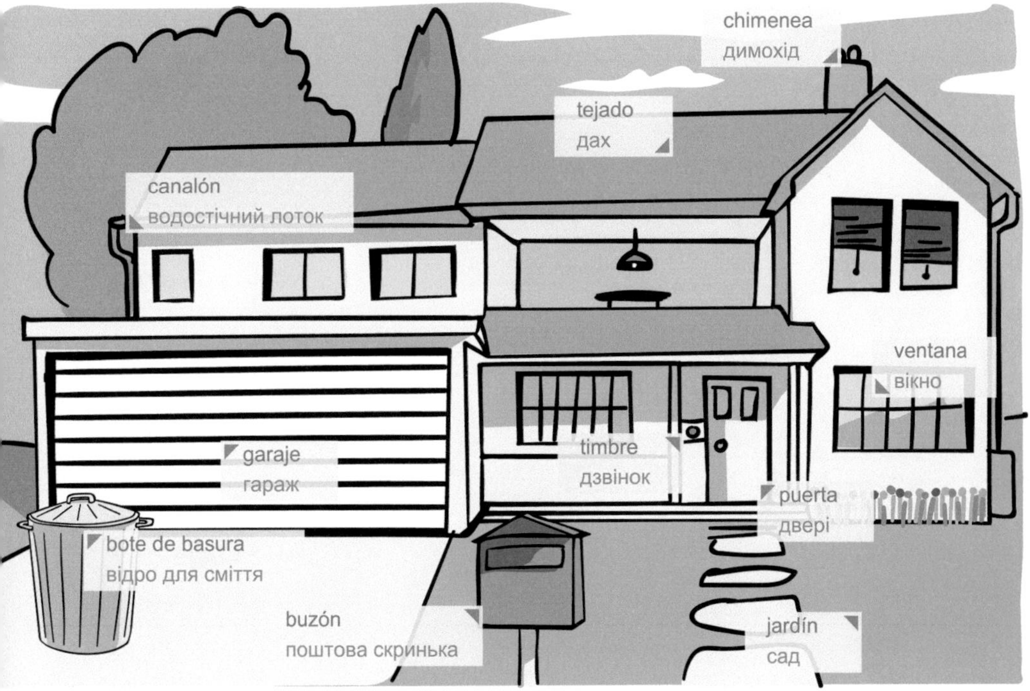
chimenea
димохід
tejado
дах
canalón
водостічний лоток
ventana
вікно
timbre
дзвінок
garaje
гараж
puerta
двері
bote de basura
відро для сміття
buzón
поштова скринька
jardín
сад

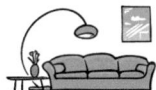

estancia

вітальня

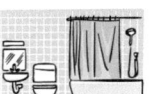

baño

ванна кімната

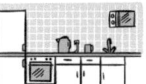

cocina

кухня

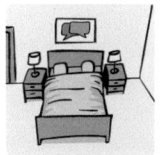

recámara

спальня

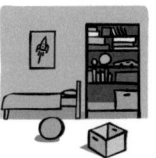

recámara de los niños

дитяча кімната

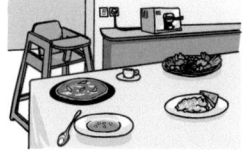

comedor

їдальня

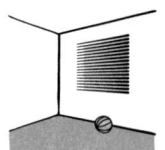

suelo

підлога

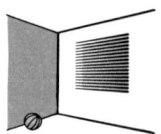

pared

стіна

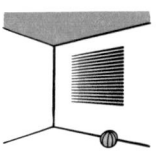

techo

стеля

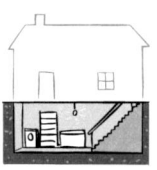

sótano

підвал

sauna

сауна

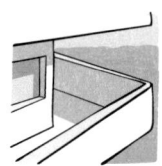

balcón

балкон

terraza

тераса

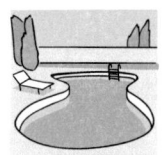

alberca

басейн

cortacésped

косарка

sábana

простирало

colcha

ковдра

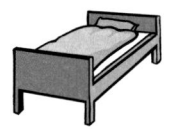

cama

ліжко

escoba

мітла

balde

відро

interruptor

перемикач

estancia
вітальня

pappara empapelar
шпалери
imagen
малюнок
lámpara
лампа
estante
поличка
alacena
шафа
televisión
телевізор
chimenea
камін
flor
квітка
cojín
подушка
sofá
диван
florero
ваза
control remoto
пульт

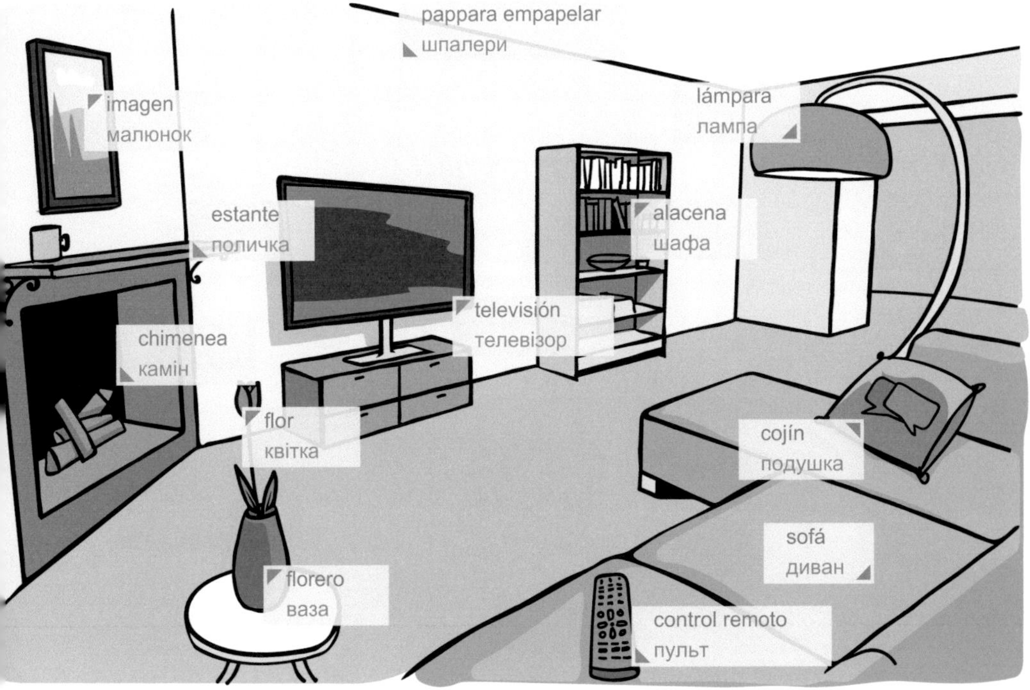

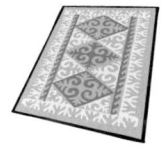

alfombra

килим

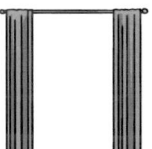

cortina

завіса

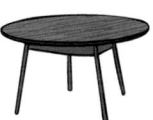

mesa

стіл

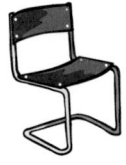

silla

стілець

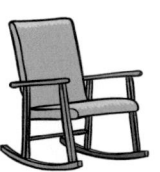

mecedora

крісло-гойдалка

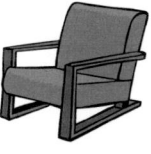

sillón

крісло

libro

книга

frazada

ковдра

decoración

прикраса

leña

дрова

película

фільм

equipo de música

стереосистема

llave

ключ

periódico

газета

pintura

картина

póster

плакат

radio

радіо

cuaderno

блокнот

aspiradora

пилосос

cactus

кактус

vela

свічка

cocina
кухня

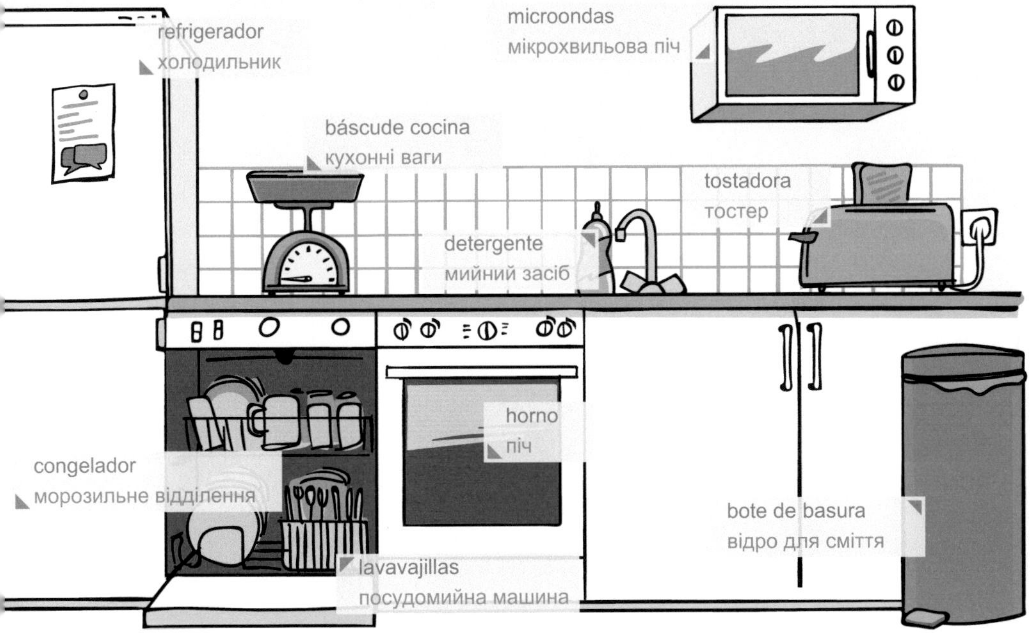

refrigerador
холодильник
microondas
мікрохвильова піч
báscude cocina
кухонні ваги
tostadora
тостер
detergente
мийний засіб
horno
піч
congelador
морозильне відділення
bote de basura
відро для сміття
lavavajillas
посудомийна машина

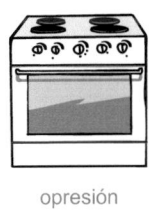

opresión

плита

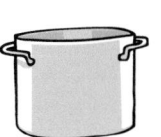

olla

горщик

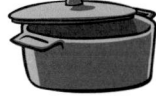

olde hierro fundido

чавунний горщик

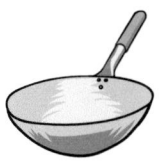

wok

вок / кадай

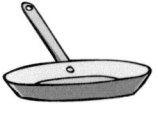

sartén

сковорода

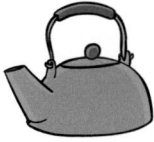

hervidor

чайник

vaporera

пароварка

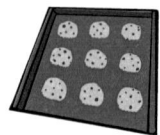

charode horno

лист

loza

посуд

taza

кухоль

bol

чаша

palillos

палички для їжі

cucharón

черпак

espátula

лопатка

batidora

вінчик для збивання

colador

сито

colador

сито

rallador

терка

mortero

ступка

barbacoa

барбекю

fogata

багаття

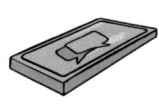

tabpara picar

дошка

rodillo para amasar

качалка

sacacorchos

штопор

lata

конзерва

abrelatas

відкривачка

guante de cocina

прихватки

fregadero

раковина

cepillo

щітка

esponja

губка

batidora

міксер

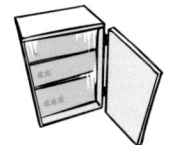

congelador

морозильна камера

biberón

дитяча пляшка

llave

кран

baño

ванна кімната

calefacción
опалення
toalla
рушник
ducha
душ
cortina de ducha
душова завіса
baño de espuma
пiниста ванна
tina
ванна
vaso
склянка
lavadora
пральна машина
llave
кран
baldosas
плитка
bacinica
горшок
fregadero
раковина

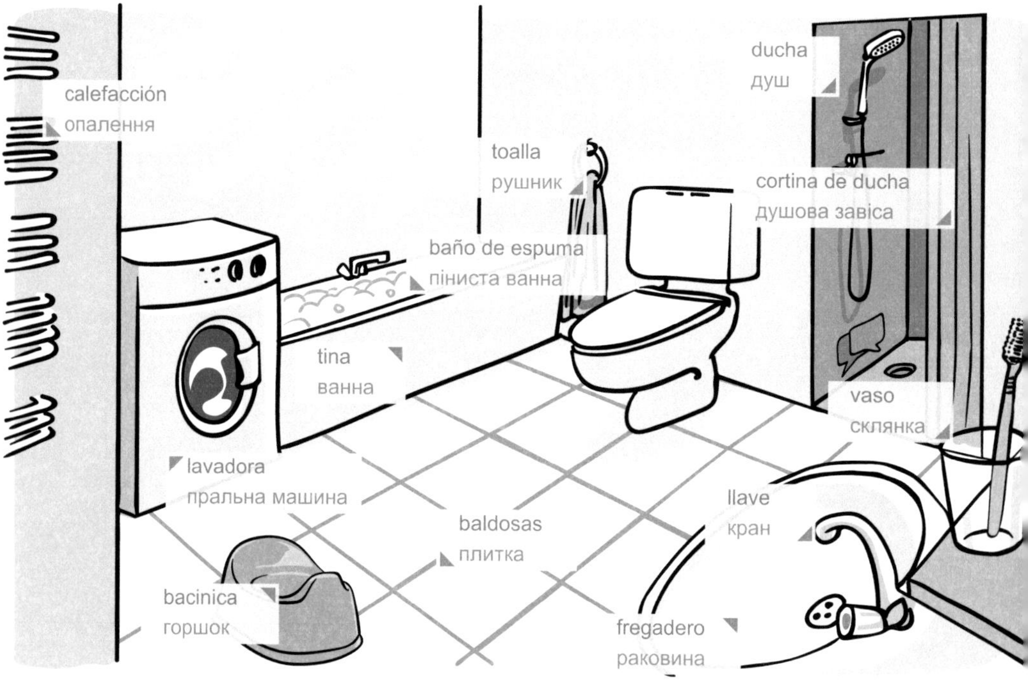

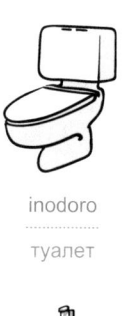

inodoro

туалет

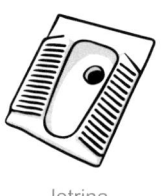

letrina

підлоговий туалет

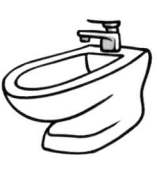

bidé

біде

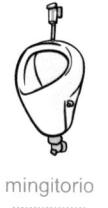

mingitorio

пісуар

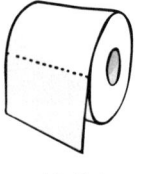

paphigiénico

туалетний папір

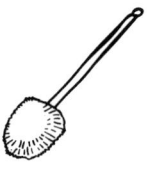

cepillo para baño

щітка для туалету

cepillo de dientes

зубна щітка

pasta dental

зубна паста

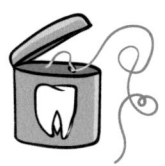

hilo dental

нитка для чищення зубів

lavar

мити

ducha de mano

ручний душ

ducha vaginal

інтимний душ

fregadero

таз

cepillo de espalda

щітка для спини

jabón

мило

gde ducha

гель для душу

champú

шампунь

toallita

мочалка

drenaje

водостік

crema

крем

desodorante

дезодорант

espejo

дзеркало

espejo de tocador

косметичне дзеркало

máquina para afeitar

бритва

espuma de afeitar

піна для гоління

loción para después de afeitar

лосьйон після гоління

peine

гребінь

cepillo

щітка

secadora

фен

laca

лак для волосся

maquillaje

косметика

lápiz labial

губна помада

esmalte para uñas

лак для нігтів

algodón

вата

tijeras para uñas

ножиці для нігтів

perfume

парфум

estuche para cosméticos

косметичка

taburete

табурет

báscula

ваги

bata

халат

guantes de goma

гумові рукавички

tampón

тампон

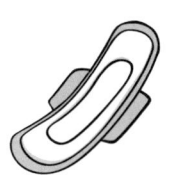

toalsanitaria

гігієнічні прокладки

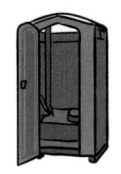

baño móvil

біотуалет

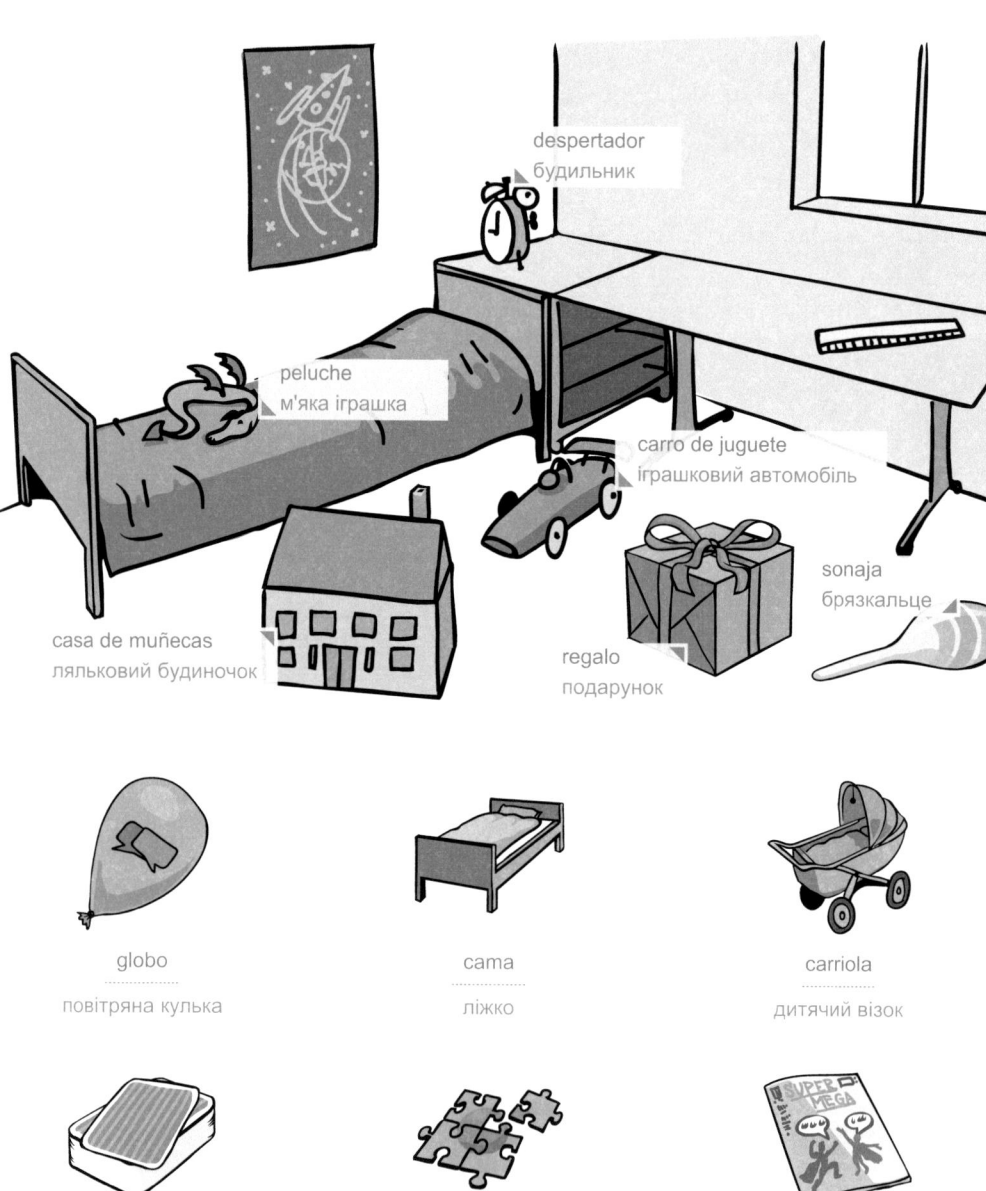

despertador
будильник

peluche
м'яка іграшка

carro de juguete
іграшковий автомобіль

sonaja
брязкальце

casa de muñecas
ляльковий будиночок

regalo
подарунок

globo

повітряна кулька

cama

ліжко

carriola

дитячий візок

cartas

картярська гра

rompecabezas

пазл

cómic

комікс

piezas de lego

лего цеглинки

bloques para jugar

блоки

figura de acción

іграшкова фігурка

mameluco

повзунки

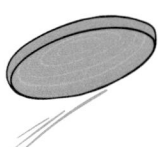

frisbee

фризбі

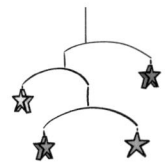

móvil para bebés

мобіле

juego de mesa

настільна гра

dados

кубик

tren eléctrico

модель залізнична станція

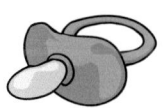

maniquí

соска

fiesta

вечірка

álbum de fotos

книжка з картинками

balón

м'яч

muñeca

лялька

jugar

грати

arenero

пісочниця

columpio

гойдалка

juguetes

іграшка

consode videojuegos

гральна консоль

triciclo

триколісний велосипед

oso de peluche

плюшевий мішка

clóset

шафа

ropa

одяг

calcetines

шкарпетки

pantimedias

панчохи

mallas

колготки

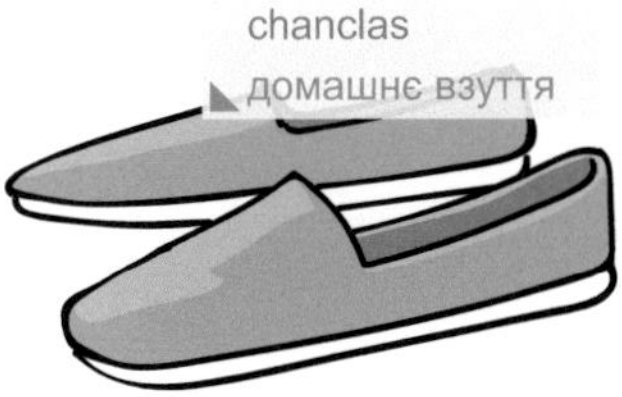

bufanda
шарф

paraguas
парасоля

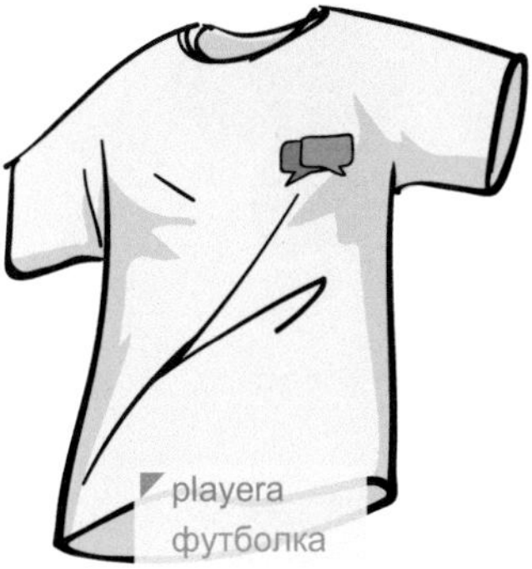

playera
футболка

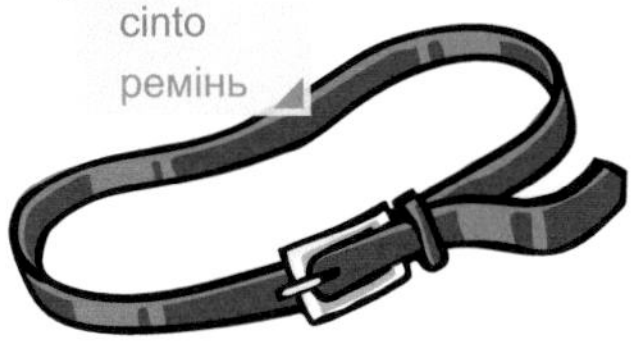

cinto
ремінь

botas
чоботи

chanclas
домашнє взуття

tenis
кросівки

sandalias

сандалі

zapatos

взуття

botas de goma

гумові чоботи

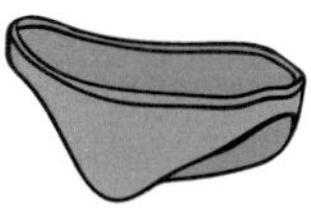

ropa interior

труси

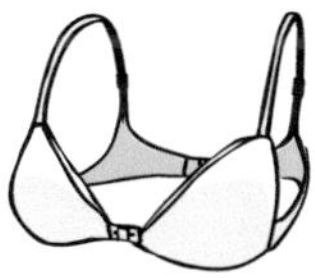

brasier

бюстгальтер

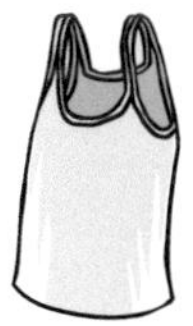

chaleco

нижня сорочка

body

боді

pantalones

штани

pantalones de mezclilla

джинси

falda

спідниця

blusa

блузка

camisa

сорочка

suéter

пуловер

sudadera

светр

saco sport

піджак

chamarra

куртка

abrigo

пальто

impermeable

дощовик

traje

костюм

vestido

сукня

vestido de novia

весільна сукня

traje

костюм

camisón

нічна сорочка

pijama

піжама

sari

carí

pañuelo para cabeza

головна хустка

turbante

чалма

burka

бурка

caftán

кафтан

abaya

абая

traje de baño

купальник

short de baño

плавки

shorts

шорти

pants

тренувальний костюм

delantal

фартух

guantes

рукавички

botón

гудзик

gafas

окуляри

brazalete

браслет

collar

ланцюг

anillo

кільце

arete

сережка

gorra

шапка

gancho

плічка

sombrero

капелюх

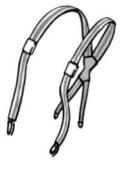

corbata

краватка

cierre

застібка-блискавка

casco

шолом

tirantes

підтяжки

uniforme

шкільна форма

uniforme

уніформа

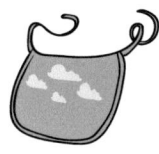

babero

нагрудник

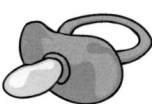

maniquí

соска

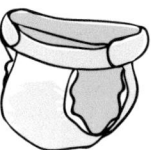

pañal

підгузок

oficina
офіс

servidor
сервер
archivo
шаф для документів
impresora
принтер
pap
папір
monitor
монітор
mouse
миша
escritorio
письмовий стіл
carpeta
папка
teclado
синтезатор
silla
стілець
bote de basura
кошик для паперу
computadora
комп'ютер

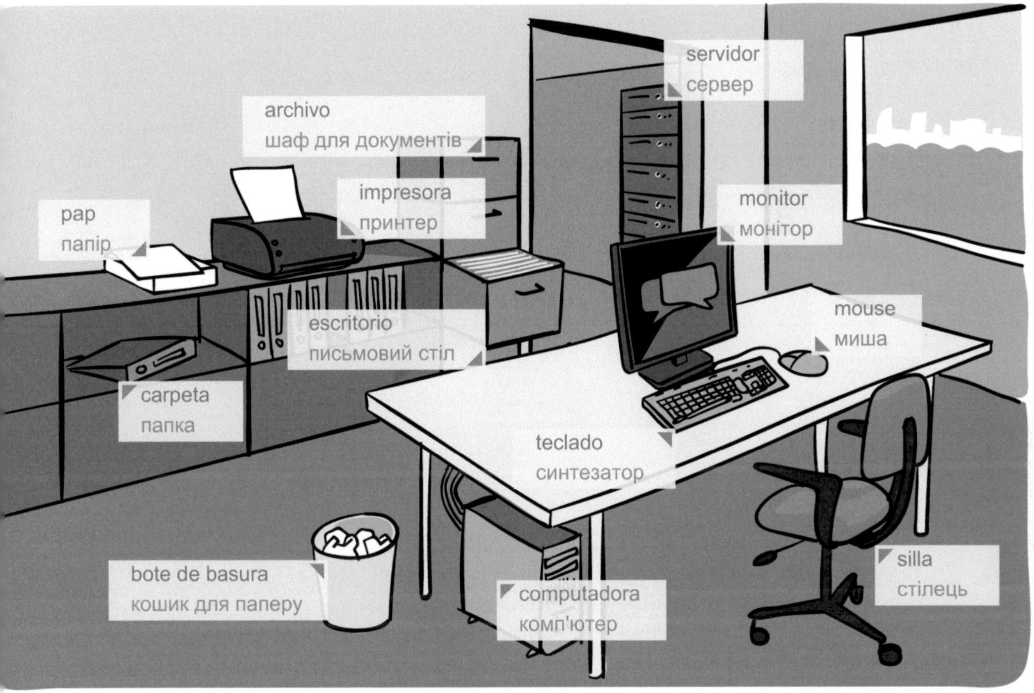

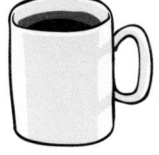

taza de café

кавовий кухоль

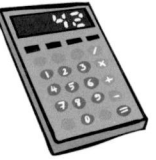

calculadora

калькулятор

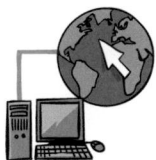

internet

інтернет

notebook

ноутбук

carta

лист

mensaje

повідомлення

móvil

мобільний телефон

red

мережа

fotocopiadora

копіювальний пристрій

software

програмне забезпечення

teléfono

телефон

tomacorriente

розетка

fax

факс

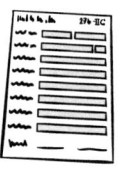

formulario

бланк

documento

документ

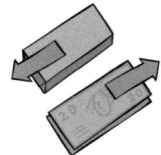

comprar

купувати

pagar

платити

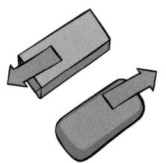

hacer negocios

торгувати

dinero

гроші

dólar

долар

euro

євро

yen

ієна

rublo

рубль

franco suizo

франк

yuan

юанів женьміньбі

rupia

рупія

cajero automático

банкомат

casa de cambio

обмінний пункт

oro

золото

plata

срібло

petróleo

нафта

energía

енергія

precio

ціна

contrato

контракт

impuesto

податок

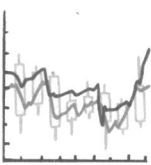

acción

акція

trabajar

працювати

empleado

працівник

empleador

роботодавець

fábrica

фабрика

tienda

магазин

ocupaciones
професії

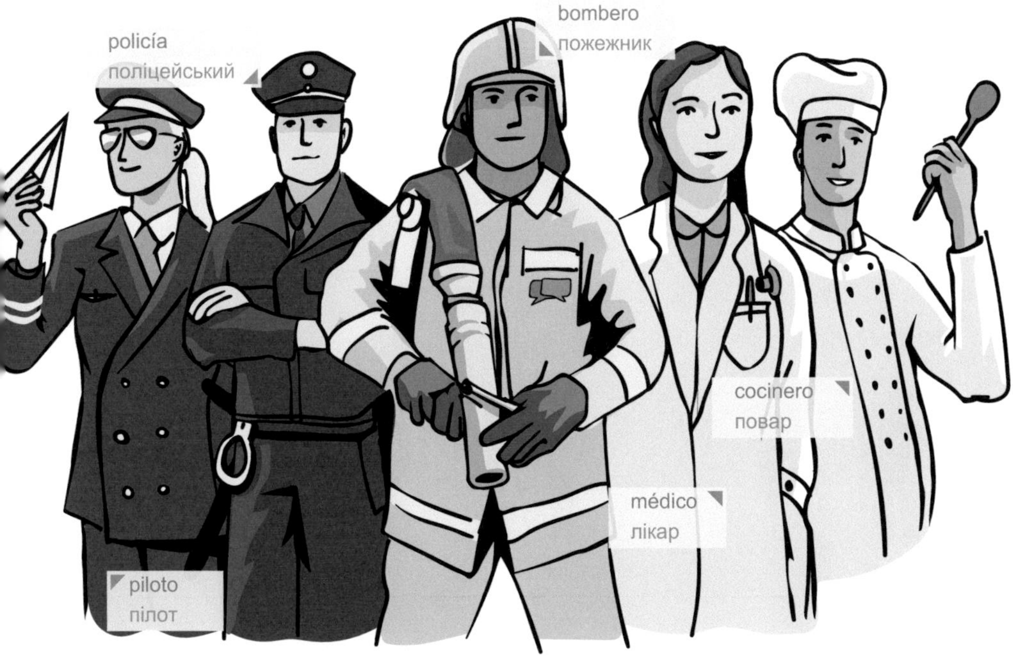
policía
поліцейський
bombero
пожежник
cocinero
повар
médico
лікар
piloto
пілот

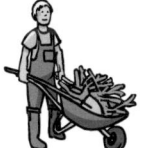

jardinero

садівник

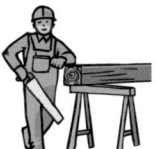

carpintero

столяр

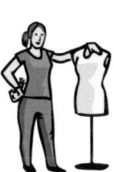

costurera

швачка

juez

суддя

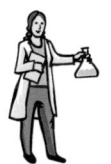

farmacéutico

хімік

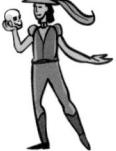

actor

актор

conductor de autobús

водій автобуса

taxista

таксист

pescador

рибалка

señora de limpieza

прибиральниця

instalador de techos

покрівельник

camarero

офіціант

cazador

мисливець

pintor

художник

panadero

пекар

electricista

електрик

obrero

будівельник

ingeniero

інженер

carnicero

забійник

plomero

бляхар

cartero

листоноша

soldado

солдат

arquitecto

архітектор

cajero

касир

florista

флорист

peluquero

перукар

cobrador

кондуктор

mecánico

механік

capitán

капітан

dentista

дантист

científico

вчений

rabino

рабин

imán

імам

monje

монах

sacerdote

пастор

herramientas
інструменти

martillo
молоток
pinza
щипці
desarmador
викрутка
llave
гайковий ключ
linterna
кишеньковий лі

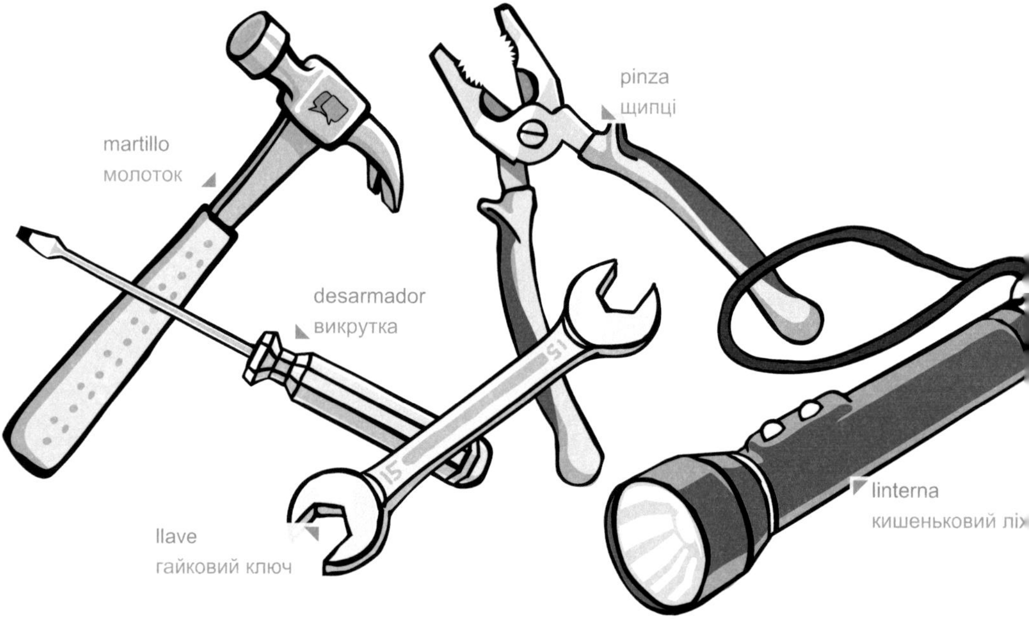

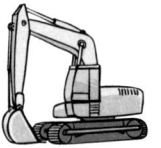

excavadora

екскаватор

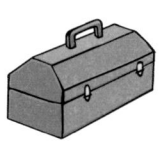

caja de herramientas

ящик для інструментів

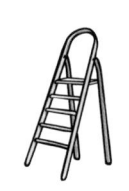

escalera de mano

драбина

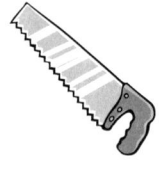

sierra

пилка

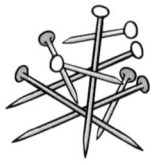

clavos

цвяхи

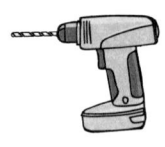

taladro

свердло

reparar

ремонтувати

pala

лопата

¡Maldición!

лайно!

recogedor

совок

bote de pintura

відро з фарбою

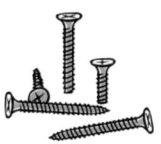

tornillos

гвинти

instrumentos musicales
музичні інструменти

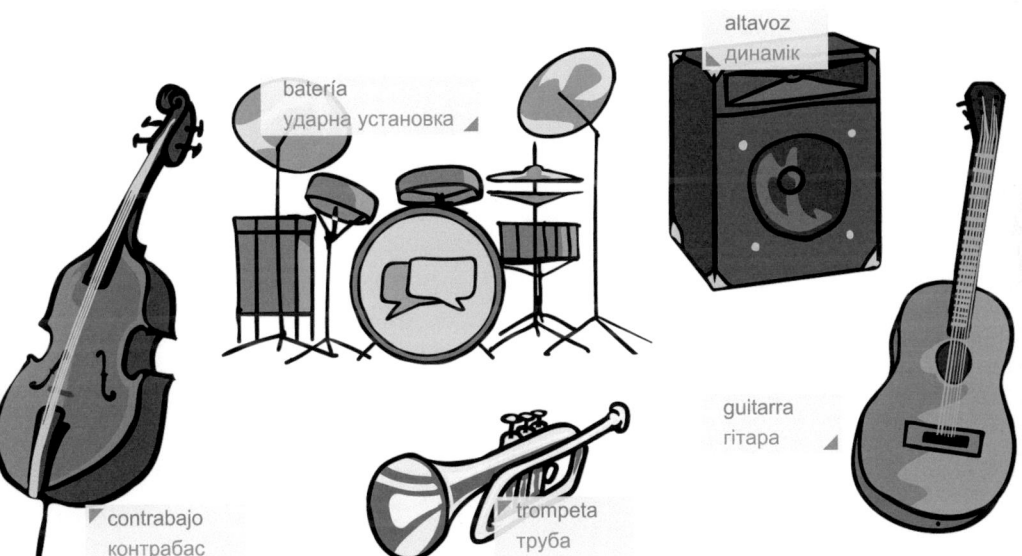

batería
ударна установка

altavoz
динамік

contrabajo
контрабас

trompeta
труба

guitarra
гітара

piano

фортепіано

violín

скрипка

bajo

бас

timbales

литаври

tambor

барабан

teclado

клавіатура

saxofón

саксофон

flauta

флейта

micrófono

мікрофон

zoológico
зоопарк

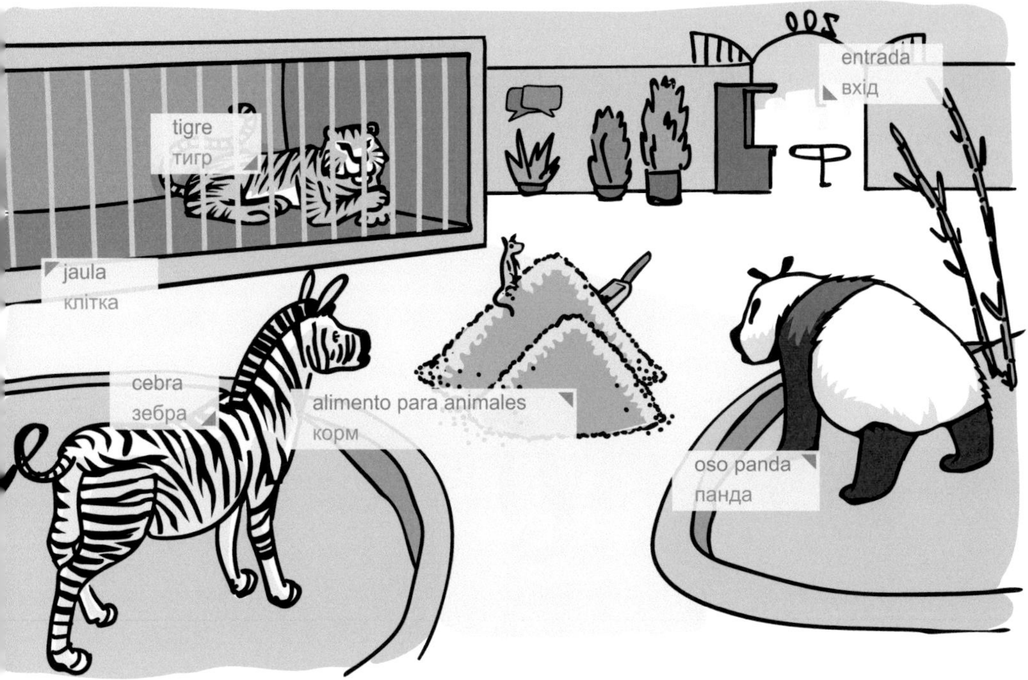

tigre
тигр
entrada
вхід
jaula
клітка
cebra
зебра
alimento para animales
корм
oso panda
панда

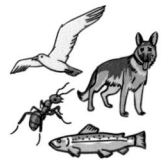

animales
тварини

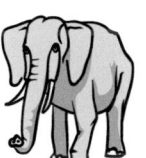

elefante
слон

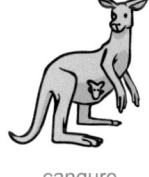

canguro
кенгуру

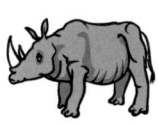

rinoceronte
носоріг

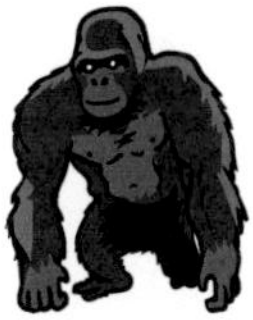

gorila
горила

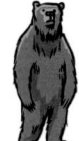

oso
ведмідь

camello

верблюд

avestruz

страус

león

лев

mono

мавпа

flamenco

фламінго

loro

папуга

oso polar

білий ведмідь

pingüino

пінгвін

tiburón

акула

pavo real

павич

serpiente

змія

cocodrilo

крокодил

guardián de zoológico

працівник зоопарку

foca

тюлень

jaguar

ягуар

poni

поні

leopardo

леопард

hipopótamo

гіпопотам

jirafa

жираф

águila

орел

jabalí

кабан

pescado

риба

tortuga

черепаха

morsa

морж

zorro

лисиця

gacela

газель

fútbol americano
американський футбол

ciclismo
їзда на велосипеді

tenis
теніс

baloncesto
баскетбол

natación
плавання

boxeo
бокс

hockey sobre hielo
хокей

fútbol
футбол

bádminton
бадмінтон

atletismo
легка атлетика

handball
гандбол

esquí
лижні перегони

polo
поло

actividades
дії

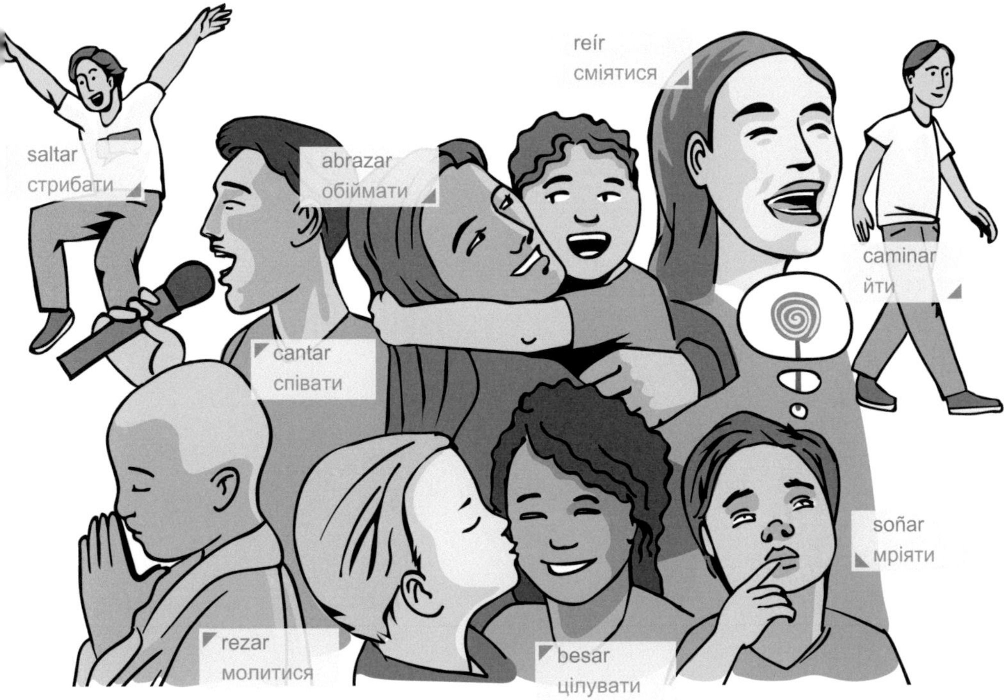

saltar
стрибати
abrazar
обіймати
reír
сміятися
caminar
йти
cantar
співати
soñar
мріяти
rezar
молитися
besar
цілувати

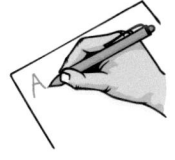

escribir

писати

dibujar

малювати

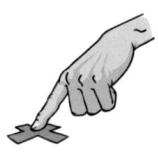

mostrar

показувати

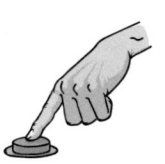

empujar

тиснути

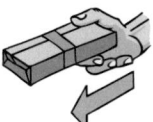

dar

давати

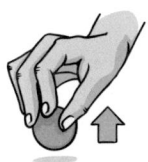

tomar

брати

tener

мати

hacer

робити

ser

бути

estar parado

стояти

correr

бігати

jalar

тягнути

arrojar

кидати

caer

падати

estar acostado

лежати

esperar

очікувати

llevar

носити

estar sentado

сидіти

vestirse

одягати

dormir

спати

despertar

просипатися

mirar

дивитися

llorar

плакати

acariciar

гладити

peinar

розчісувати

hablar

розмовляти

entender

розуміти

preguntar

питати

escuchar

слухати

beber

пити

comer

їсти

ordenar

прибирати

amar

любити

cocinar

варити

conducir

їхати

volar

літати

navegar

йти під вітрилом

calcular

рахувати

leer

читати

aprender

вчитися

trabajar

працювати

casarse

одружуватися

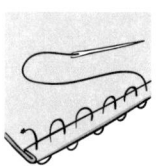

coser

шити

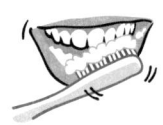

cepillarse los dientes

чистити зуби

matar

убивати

fumar

курити

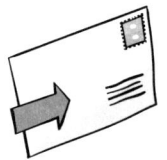

enviar

посилати

familia
сім'я

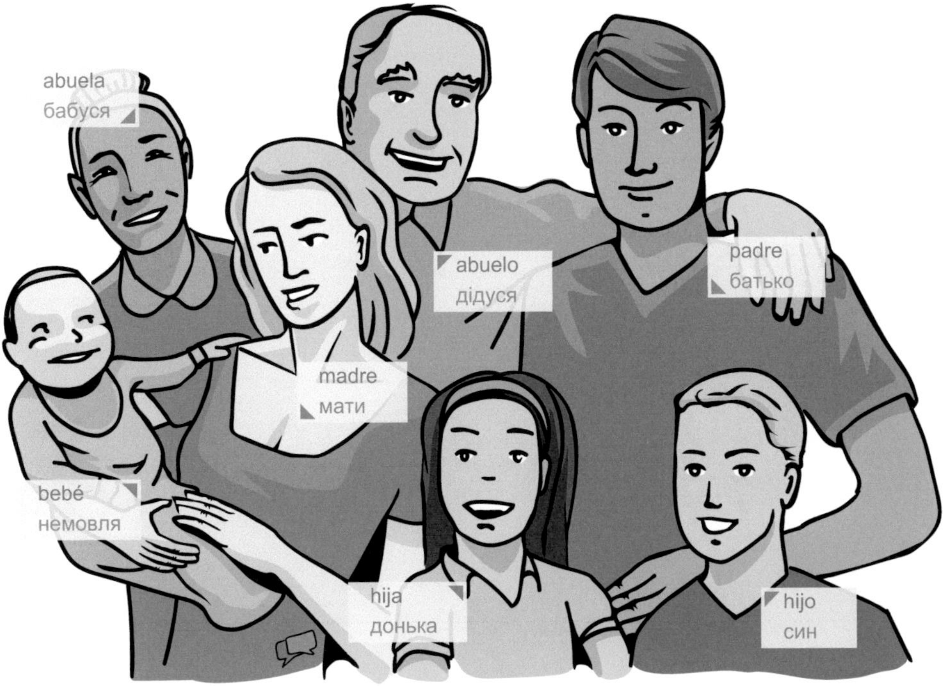

abuela
бабуся
abuelo
дідуся
padre
батько
madre
мати
bebé
немовля
hija
донька
hijo
син

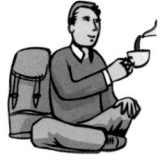

invitado

гість

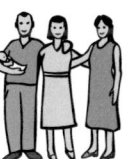

tía

тітка

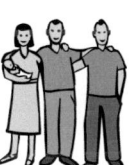

tío

дядько

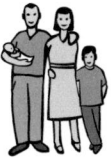

hermano

брат

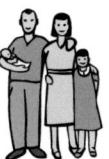

hermana

сестра

cuerpo
тіло

frente
чоло
ojo
око
hombro
плече
dedo
палець
cara
обличчя
barbilla
підборіддя
mano
кисть
pecho
груди
pierna
нога
brazo
рука

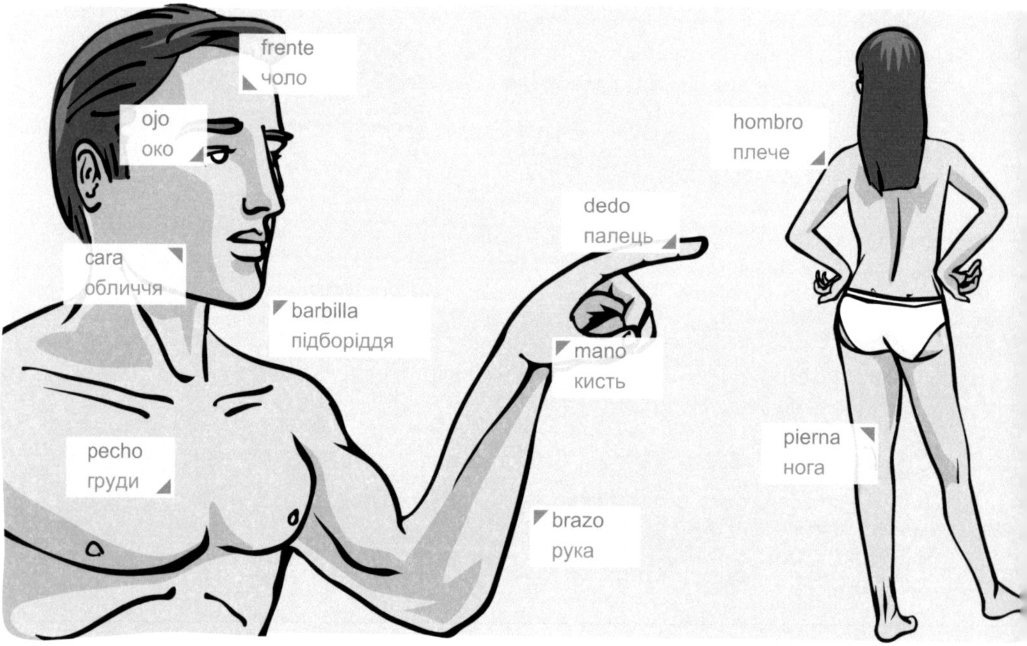

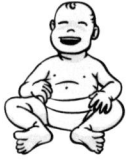

bebé

немовля

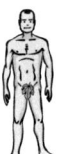

hombre

чоловік

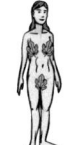

mujer

жінка

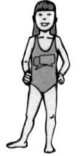

niña

дівчина

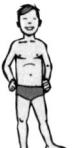

niño

хлопчик

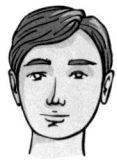

cabeza

голова

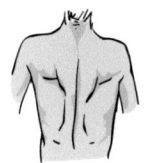

espalda

спина

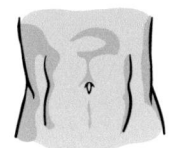

barriga

живіт

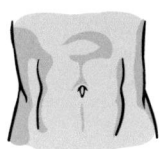

ombligo

пуп

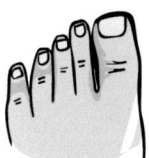

dedo dpie

палець ноги

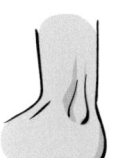

talón

п'ята

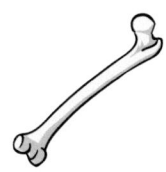

hueso

кістка

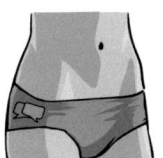

cadera

стегно

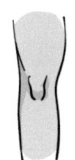

rodilla

коліно

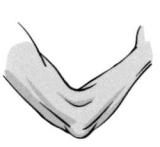

codo

лікоть

nariz

ніс

pompis

сідниці

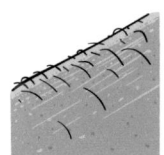

piel

шкіра

mejilla

щока

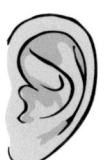

oído

вухо

labio

губа

boca

рот

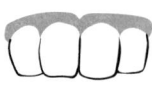

diente

зуб

lengua

язик

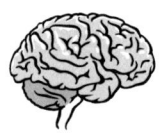

cerebro

мозок

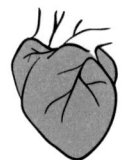

corazón

серце

músculo

м'яз

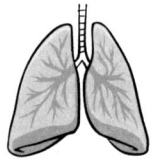

pulmón

легені

hígado

печінка

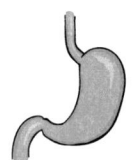

estómago

шлунок

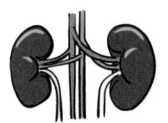

riñones

нирки

sexo

статевий акт

condón

презерватив

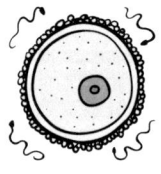

óvulo

яйцеклітина

semen

сперма

embarazo

вагітність

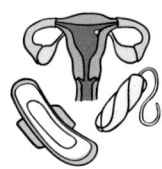

menstruación

менструація

vagina

вагіна

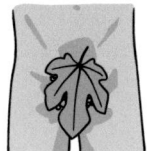

pene

пеніс

ceja

брова

cabello

волосся

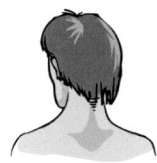

cuello

шия

hospital
лікарня

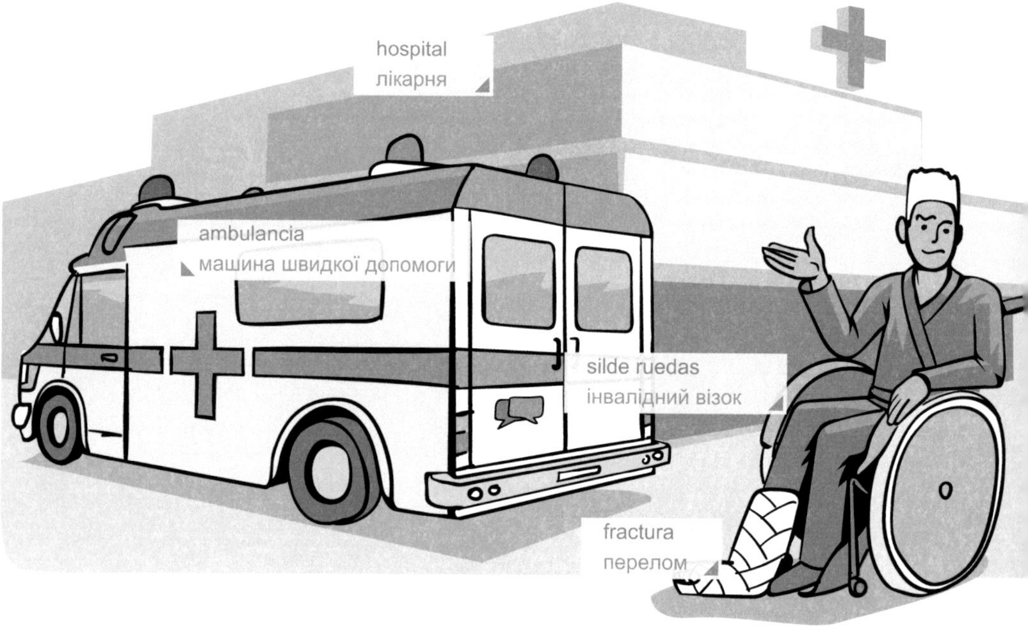

hospital
лікарня
ambulancia
машина швидкої допомоги
silde ruedas
інвалідний візок
fractura
перелом

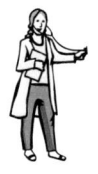

médico

лікар

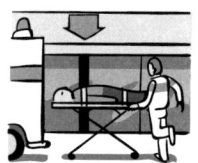

sade emergencias

відділення швидкої медичної допомоги

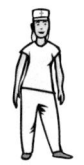

enfermera

медсестра

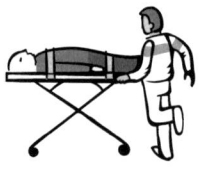

emergencia

аварійний випадок

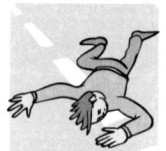

inconsciente

непритомний

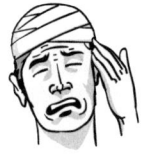

dolor

біль

lesión

травма

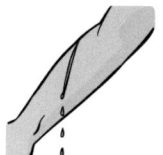

hemorragia

кровотеча

infarto

інфаркт

accidente cerebrovascular

інсульт

alergia

алергія

tos

кашель

fiebre

лихоманка

gripa

грип

diarrea

пронос

dolor de cabeza

головна біль

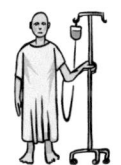

cáncer

рак

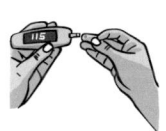

diabetes

діабет

cirujano

хірург

bisturí

скальпель

operación

операція

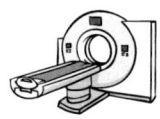

TC

КТ

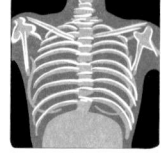

rayos x

рентген

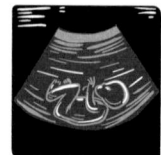

ultrasonido

ультразвук

mascarilla

маска

enfermedad

хвороба

sade espera

зал очікування

muleta

милиця

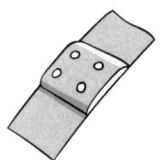

vendita

пластир

vendaje

пов'язка

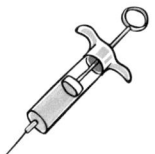

inyección

ін'єкція

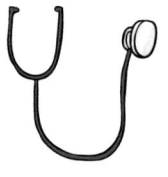

estetoscopio

стетоскоп

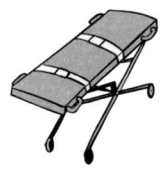

camilla

ноші

termómetro

термометр

nacimiento

народження

sobrepeso

надмірна вага

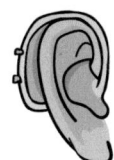

audífono

слуховий апарат

desinfectante

дезінфікуючий засіб

infección

інфекція

virus

вірус

VIH / SIDA

ВІЛ / СНІД

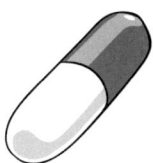

medicina

медицина

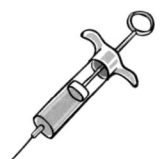

vacunación

вакцинація

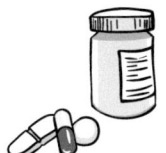

tabletas

таблетки

pastilanticonceptiva

протизаплідна пігулка

llamada de emergencia

екстрений виклик

medidor de presión

тонометр

enfermo / sano

хворий / здоровий

¡Socorro!

Допоможіть!

alarma

сигнал тривоги

agresión

напад

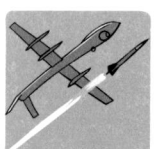

ataque

атака

peligro

небезпека

salida de emergencia

аварійний вихід

¡Fuego!

Вогонь!

extintor de incendios

вогнегасник

accidente

аварія

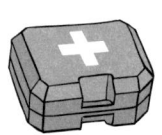

botiquín de primeros auxilios

аптечка

SOS

СОС

policía

поліція

Europa

Європа

Norteamérica

Північна Америка

Sudamérica

Південна Америка

África

Африка

Asia

Азія

Australia

Австралія

Atlántico

Атлантика

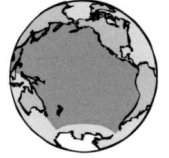

Pacífico

Тихий океан

Océano Índico

Індійський океан

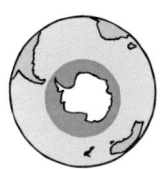

Océano Antártico

Антарктичний океан

Océano Ártico

Північний Льодовитий океан

polo norte

Північний полюс

polo sur

Південний полюс

Antártida

Антарктика

tierra

Земля

tierra

суша

mar

море

isla

острів

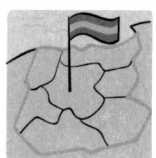

nación

нація

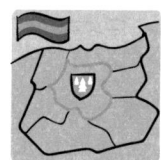

estado

держава

esfera

циферблат

manecilde las horas

годинникова стрілка

minutero

хвилинна стрілка

segundero

секундна стрілка

¿Qué hora es?

Котра година?

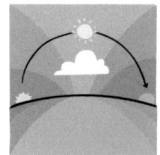

día

день

hora

час

ahora

зараз

reloj digital

цифровий годинник

minuto

хвилина

hora

година

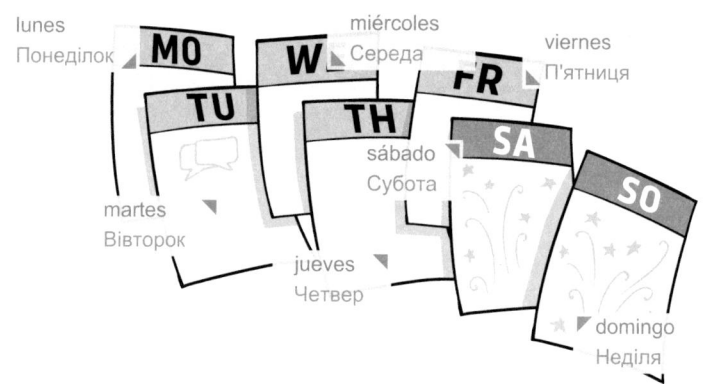

lunes
Понеділок

miércoles
Середа

viernes
П'ятниця

martes
Вівторок

sábado
Субота

jueves
Четвер

domingo
Неділя

ayer

вчора

hoy

сьогодні

mañana

завтра

mañana

ранок

mediodía

опівдні

tarde

вечір

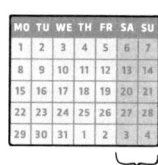

días laborables

робочі дні

fin de semana

кінець робочого тижня

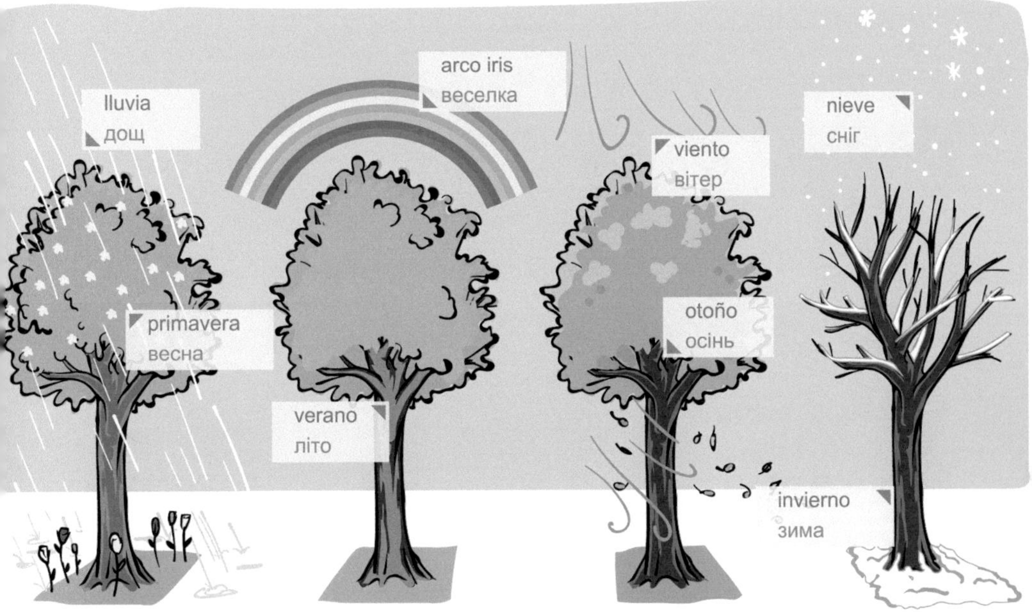

lluvia
дощ

arco iris
веселка

viento
вітер

nieve
сніг

primavera
весна

verano
літо

otoño
осінь

invierno
зима

pronóstico dtiempo

прогноз погоди

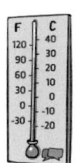

termómetro

термометр

sol

сонячне світло

nube

хмара

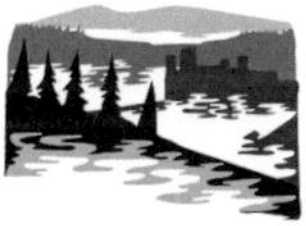

niebla

туман

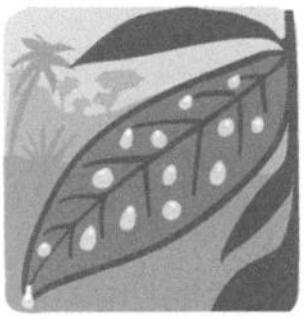

humedad

вологість повітря

rayo

блискавка

trueno

грім

tormenta

шторм

granizo

град

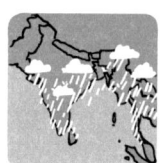

monzón

мусон

inundación

повінь

hielo

лід

enero

Січень

febrero

Лютий

marzo

Березень

abril

Квітень

mayo

Травень

junio

Червень

julio

Липень

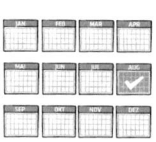

agosto

Серпень

año - рік

septiembre

Вересень

octubre

Жовтень

noviembre

Листопад

diciembre

Грудень

formas
форми

círculo

круг

cuadrado

квадрат

rectángulo

прямокутник

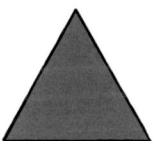

triángulo

трикутник

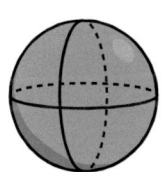

esfera

куля

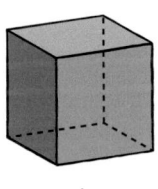

cubo

куб

blanco

білий

amarillo

жовтий

naranja

помаранчевий

rosa

рожевий

rojo

червоний

morado

фіолетовий

azul

синій

verde

зелений

marrón

коричневий

gris

сірий

negro

чорний

mucho / poco

багато / мало

enojado / tranquilo

лютий / мирний

bonito / feo

гарний / бридкий

principio / fin

початок / кінець

grande / pequeño

великий / малий

claro / oscuro

світлий / темний

hermano / hermana

брат / сестра

limpio / sucio

чистий / брудний

completo / incompleto

завершений /
незавершений

día / noche

день / ніч

muerto / vivo

мертвий / живий

ancho / angosto

широкий / вузький

comestible / no comestible

їстівний / неїстівний

malo / amable

злий / дружній

entusiasmado / aburrido

збуджений / нудьгуючий

gordo / delgado

товстий / тонкий

primero / último

спочатку / востаннє

amigo / enemigo

друг / ворог

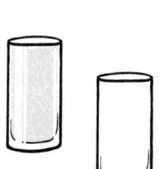

lleno / vacío

повний / порожній

duro / blando

жорсткий / м'який

pesado / ligero

важкий / легкий

hambre / sed

голод / спрага

enfermo / sano

хворий / здоровий

ilegal / legal

незаконний / законний

inteligente / tonto

розумний / дурний

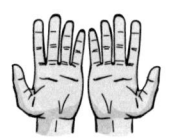

izquierda / derecha

вліво / вправо

cerca / lejos

поруч / далеко

opuestos - протилежності

nuevo / usado

новий / використаний

nada / algo

нічого / щось

viejo / joven

старий / молодий

encendido / apagado

вкл / викл

abierto / cerrado

відкрито / закрито

silencioso / ruidoso

тихо / гучно

rico / pobre

багатий / бідний

correcto / incorrecto

правильно / неправильно

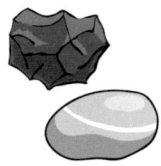

áspero / suave

шорсткий / гладкий

triste / contento

сумний / щасливий

corto / largo

короткий / довгий

lento / rápido

повільно / швидко

húmedo / seco

вологий / сухий

caliente / frío

гарячий / холодний

guerra / paz

війна / мир

números

числа

0

cero

нуль

1

uno

один

2

dos

два

3

tres

три

4

cuatro

чотири

5

cinco

п'ять

6

seis

шість

7

siete

сім

8

ocho

вісім

9

nueve

дев'ять

10

diez

десять

11

once

одинадцять

12

doce

дванадцять

13

trece

тринадцять

14

catorce

чотирнадцять

15

quince

п'ятнадцять

16

dieciséis

шістнадцять

17

diecisiete

сімнадцять

18

dieciocho

вісімнадцять

19

diecinueve

дев'ятнадцять

20

veinte

двадцять

100

cien

сто

1.000

mil

тисяча

1.000.000

millón

мільйон

inglés

англійська

inglés americano

американська англійська

chino mandarín

китайська
високочиновницька

hindi

хінді

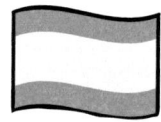

español

іспанська

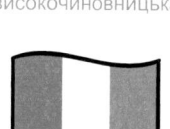

francés

французька

árabe

арабська

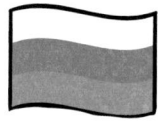

ruso

російська

portugués

португальська

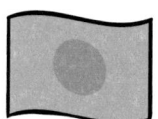

bengalí

бенгальська

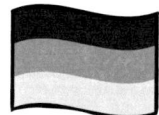

alemán

німецька

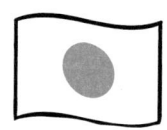

japonés

японська

yo

я

tú

ти

él / ella

він / вона / воно

nosotros

ми

vosotros

ви

ellos

вони

¿quién?

хто?

¿qué?

що?

¿cómo?

як?

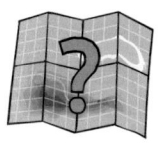

¿dónde?

де?

¿cuándo?

коли?

nombre

ім'я

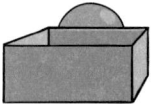

detrás

ззаду

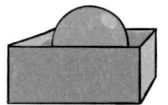

en

в

delante de

перед

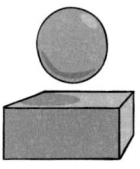

por encima de

над

sobre

на

debajo de

під

junto a

біля

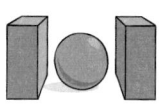

entre

між

lugar

місце